Inhalt

Ralf Grimm und Thomas Landbeck
danken wir sehr herzlich für ihre Unterstützung!

Brunnenstraße 7, D-34286 Spangenberg
Tel.: 05663-280, Fax: 05663-6562
E-Mail: fischer-nagel@t-online.de, URL: www.fischer-nagel.de

Fotos Andreas Fischer-Nagel

außer: S.7 Freunde d. Minaralogie u. Geologie Weiden; S. 9 Wikiki-Comons Reptiles_and_bird Schildkrötenfang S.11 Klaus Bogon; S.15 o.r. Orchi; S.32 John Harrison at./;S.38 o.l. N.A. Naseer; S.38 u.l. Bertold Werner; S.38 o.r. NPS Robb Hannawacker; S.38 u.r. André Abrahami; S.39 shutterstock/Linda Hilberdink; S.40 Dunov Provalia; S.41 shutterstock/xpixel; S.42 l; S.42 r. shutterstock/xbrchx; S.43 u. André Karwath aka;S.43 r. Hornbaker Chelsi; S.44 Rich Carey; S.45 Fish and Wildlife service Southeast Region :

Druck und Bindung: Grafisches Centrum Cuno GmbH & Co. KG, Calbe
Printed in Germany
ISBN 978-3-949939-00-6

FSC
www.fsc.org
MIX
Papier aus verantwortungsvollen Quellen
FSC® C043106

Heiderose und Andreas Fischer-Nagel

Schildkröten
Gepanzerte Urtiere

Verlag Heiderose Fischer-Nagel

Typisch Schildkröte!

Jedes Kind kennt eine Schildkröte! Als einziges Wirbeltier auf Erden hat sie einen Panzer, ein schützendes Haus, in das sie ihre Beine, den Kopf und den Schwanz einziehen kann. Sie sieht unverwundbar aus, wie ein Stein inmitten einer trockenen, steinigen, pflanzenarmen Landschaft. Aber das stimmt gar nicht! Sie ist verletzlich und fühlt auch durch ihren Panzer hindurch.
Das erstaunlich intelligente Tier hat zudem ein gutes Gedächtnis und kann Farben unterscheiden.
In unserem Buch wirst du Erstaunliches über das Leben dieser Panzertiere erfahren.
Wer Schildkröten als Heimtiere zu Hause hält, muss viel über sie wissen. Die Haltung ist nicht so einfach. Besonders im Sommer heißt es: „Aufgepasst!“, denn manch ein Schildkrötenmann will sich nun paaren. Munter und aufgeregt saust er herum. Entwischt er uns und geht auf Wanderschaft, legt er dabei erstaunliche Strecken zurück!

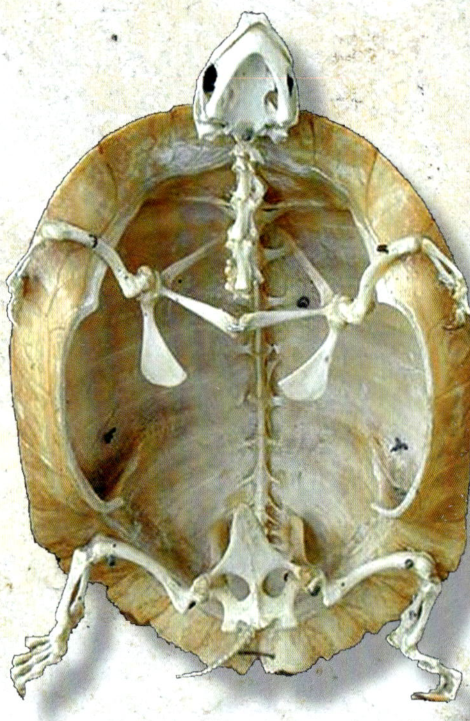

Geschützt im eigenen Haus

Das Haus der Schildkröte, der plump aussehende Panzer, ist stabil wie eine Ritterrüstung. Der drei Millimeter dicke knöcherene Rückenpanzer und der Bauchpanzer sind durch fünf Millimeter starke »Brücken« miteinander verbunden und sind Teil des Skeletts.
Innen, unter dem Panzer, befindet sich das typische Wirbeltierskelett sowie die inneren Organe, wie Herz und Lunge, Magen, Därme, Leber, Nieren.

Der Panzer setzt sich aus Hornschilden zusammen. Je nachdem, an welcher Stelle des Körpers sie sich befinden, heißen sie Nacken-, Rippen- oder Brustschild. Die Hornschilde, das »Schildpatt«, sind je nach Schildkrötenart

unterschiedlich gemustert und werden im Laufe der Jahre größer und dicker. Um jedes Schild verlaufen kleine Rillen, Jahresringe, wie du sie schon an Baumscheiben gesehen hast. Hier kannst du das ungefähre Alter des Tieres ablesen. Mit 20 bis 25 Jahren ist die Schildkröte ausgewachsen.

Unter dem Panzer, der mit der Schildkröte wächst, ist die Haut stark durchblutet, sodass das Tier empfindsamer ist, als du denkst.

Nur einige wenige Schildkröten besitzen gar keinen richtigen Panzer, sondern nur eine feste Lederhaut.

Die beschuppten, säulenförmigen Beine mit ihren Krallen bewehrten Klumpfüßen, der Schwanz und der Kopf sind einziehbar. Die Haut selbst fühlt sich glatt und weich an.

Älter als die Saurier

Die Entwicklungsgeschichte der Schildkröten begann vor 225 Millionen Jahren. Seitdem haben sie sich kaum verändert. Sie gehören zu den Reptilien, so wie Schlangen, Eidechsen und Krokodile. Heute gibt es ungefähr 340 Arten, Landschildkröten, Teich- und Sumpfschildkröten sowie die fantastischen Meeresschildkröten in den Weiten der Ozeane. Sehr viele dieser exotischen Tiere waren und sind stark bedroht. Früher wurden sie gefangen und verkauft. Heute genießen sie Schutz, leider nicht überall. Wegen ihrer von uns zerstörten Lebensräume zählen einige zu den vom Aussterben bedrohten Tierarten.

Aus Mythen und Legenden

Im Laufe ihre Entwicklungsgeschichte erlangten die Schildkröten in einigen Erdteilen für die Menschen eine »mythische«, das heißt »sagenhafte« Bedeutung. Sie dichteten ihnen besondere Kräfte und Eigenschaften an. Die Schildkröte symbolisierte das Fundament unserer Welt, ihr Panzer das Himmelsgewölbe. Wie ein schwimmender Kontinent trug sie die Erde auf ihrem Rücken durch das Urmeer.

Représentation de la Terre d'après les Hindous.

Schildkröten galten als weise, heilig und unsterblich. Sie haben eine höhere Lebenserwartung als alle anderen Lebewesen. Es heißt, dass die älteste Schildkröte 256 Jahre alt wurde!

Testudo, der lateinische Name für Schildkröte, bezeichnete bei den Römern eine besondere Schutz-Formation zum Vorrücken der Soldaten unter Beschuss. Mit ihren eckigen Schilden schützten sie sich zu den Seiten und nach oben vor den feindlichen Pfeilen. So konnten sie schnell ein Stück vorrücken, mussten sich aber, sobald der Feind direkt auf sie losstürmte, sogleich wieder auflösen.

Später nahmen die Seefahrer des Mittelalters Schildkröten als lebendige Fleischkonserven mit an Bord ihrer Schiffe oder fingen auch Meeresschildkröten.

Funde aus längst vergangener Zeit

Dass es Schildkröten schon so lange auf der Erde gibt, beweisen Millionen Jahre alte Fossilien, Versteinerungen aus dem Erdzeitalter Trias (vor 250 bis 200 Millionen Jahren).

Aus jüngerer Zeit fand man Haushaltsgegenstände aus Schildkrötenpanzern von Menschen der Tropen und Subtropen. Sie aßen Schildkröten und nutzten ihre Panzer als Schalen,Trinkgefäße, Löffel und Schöpfkellen.

In einigen Ländern verehrt man noch heute die Schildkröte. Du findest sie in Form von Amuletten und Schmuck, als Glücksbringer, aus Holz geschnitzt und aus Stein gemeißelt.
Ja sogar auf Münzen, Geldscheinen, Wappen und Fahnen finden sich Abbildungen von Schildkröten.

Wo leben Schildkröten?

Viele Landschildkröten bevorzugen das gemäßigte bis warme Klima der Trockengebiete, wie Steppen und Savannen. Einige leben sogar in der Wüste. Sie leben mit den hohen Temperaturschwankungen zwischen Tag und Nacht, sind am Tag munter und schlafen in der Nacht.
In Südeuropa liegen diese Gebiete rund ums Mittelmeer. Hier gedeihen Wildpflanzen, die wir als Gartenpflanzen lieben, wie Salbei, Lavendel, Ginster, Thymian und Tamarisken, zwischen denen du mit etwas Glück Griechische oder Maurische Landschildkröten findest.

Andere Schildkrötenarten leben in den Tropen und Subtropen.
Die Unterschiede zwischen Tag- und Nachttemperaturen sind dort noch größer, Trocken- und Regenzeiten wechseln sich ab. Die Schildkröten, die in der Nähe des Äquators leben, sind während der Regenzeit aktiv und graben sich in der Trockenzeit ein, um zu ruhen.
Während die in Europa lebenden Arten klein sind, staunen wir dort über Riesenschildkröten, wie die Seychellen- und die Galapagos-Schildkröten, die größer als ein Meter und bis zu 300 Kilogramm schwer sein können.

Von der Sonne geweckt

Von Oktober bis Ende März ruhen die europäischen Schildkröten. Sie sind wechselwarm, das heißt, ihre Körpertemperatur ist von der Umgebungstemperatur abhängig. Kälte lähmt sie und sie fallen in einen Ruheschlaf. Sobald die Temperaturen im Frühjahr steigen und es einige Tage lang über 20 Grad warm bleibt, wachen sie auf. Die Winterstarre, die sie eingegraben in der Erde verbracht haben, ist zu Ende.
Sobald die Sonne den Erdboden und damit ihren Körper etwas aufgeheizt hat, drehen sie diesen in Richtung Erdoberfläche und graben sich mühsam hervor.

Sie verharren zunächst unter einer Laubschicht und wärmen sich weiter langsam auf. Mager sind sie während der Wintermonate geworden, in denen sie von

ihren Fettreserven zehren mussten. Jetzt, wo es noch nicht so heiß ist wie im Sommer, sind sie überwiegend zur Mittagszeit unterwegs. Sie suchen nach Nahrung, fressen frische Blätter und Kräuter, gelegentlich auch Schnecken und Würmer. Ihre Körpertemperatur liegt nun bei 25 bis 33 Grad Celsius.

Noch hat die Sonne die Landschaft nicht verbrannt: Die Wiesen und Sträucher sind saftig und grün, die Kräuter blühen, der Tisch ist für die Schildkröten im Frühjahr reich gedeckt.

Schildkröten fressen nicht gierig, sondern langsam. Es dauert Tage, bis sie im Sommer-Rhythmus sind und alles ein wenig »schneller« geht.

Zur Zeit der Osterferien kannst du in Griechenland oder Spanien mit zunehmender Tagestemperatur Tag für Tag mehr Schildkröten entdecken, die aus ihren Überwinterungsquartieren kommen.

Erst erwachen die Männchen

Es dauert nicht lange, da haben die Schildkröten neue Kraft getankt. Je wärmer es wird, um so lieber sind sie nur noch morgens und abends unterwegs. Mittags verkriechen sie sich im Schatten und ruhen.
Bald kannst du beobachten, wie viele Schildkrötenmännchen eilig durch das Gelände »flitzen«. Ja, sie sind richtig schnell, laufen regelrecht um die Wette und wandern weit, um eine passende Partnerin zu finden.
Das ist gar nicht so einfach, und wenn du genau hinschaust, entdeckst du, dass tatsächlich zuerst nur Männchen herumlaufen.
Treffen mehrere Männchen aufeinander, dauert es nicht lange und es kommt zum Streit. Zunächt beschnuppern sie enander nur und das eine oder andere hebt drohend den Kopf. Sind erst die Weibchen aufgewacht, kommt es auch bald zum Kampf.

Unser Schildkrötenmann Max ist im Frühjahr genauso aufgeregt wie seine Artgenossen in weiter Ferne. Er kletterte tatsächlich schon aus dem Gehege, als er noch mehr Weibchen als seine Luise finden wollte. Dabei überquerte er sogar einen Bach, wanderte über Berg und Tal, Wiesen und Felder, bis in einen Nachbarort, der zwei Kilometer entfernt liegt. Wir hatten Glück und bekamen den flotten Max nach zwei Wochen zurück!

Die Weibchen lassen sich Zeit

Doch zurück in den Süden. Die Schildkrötenweibchen kommen erst später aus ihrem Winterquartieren hervor.
Sie lassen sich Zeit. Erst sechs bis acht Wochen später kriechen sie aus Büschen und Höhlen hervor. Sie suchen in den Sonnenlagen erst einmal nach einem geeigneten Brutplatz. Sobald die Männchen sie dabei entdecken, ist es mit der Ruhe endgültig vorbei. Die Männchen sind »außer Rand und Band«.

Gefährliche Kämpfe

In der Paarungszeit kommt es bei den sonst so friedlichen Schildkröten zu erbitterten Kämpfen. Die Männchen bedrängen sich gegenseitig, um ein Weibchen zu erobern.

Sie verfolgen einander, laufen im Kreis umeinander herum (Bild oben) und schüchtern sich gegenseitig ein. Kraftvoll rammen sie ihre Panzer gegeneinander.

Das dabei entstehende krachende Geräusch ist weithin zu höhren.
Nach dem ersten »Imponieren« begegnen sie sich erneut und versuchen, den Gegner in den Kopf oder in den weichen Hals zu beißen. Dann wird der Gegner mehrfach gerammt (Bilder unten).
Nach einiger Zeit laufen sie wieder umeinander. Nun erfolgt der stoßende Angriff von der Seite (Bild rechte Seite oben links).
Ergreift der hier kleinere Gegner noch immer nicht die Flucht, reitet der Stärkere auf oder schiebt sich unter dessen Körper. Der Schwächere ist besiegt (Bilder auf der rechten Seite), wenn er auf dem Rücken liegt, Er braucht eine Weile, um sich wieder aufzurichten! Aber wie? Er strampelt mit den Beinen und reckt seinen Kopf mehrmals hin und her,

bis es ihm schließlich gelingt, auf eine Seite zu rollen. Sobald er mit einem Vorderfuß den Boden erreicht hat, versucht er mit den Krallen eines Hinterbeins Halt zu finden und zieht sich herum. Endlich, mit viel Kraft, gelingt es dem Tier, wieder auf die Füße zu kommen. Während der erschöpfte Verlierer noch liegen bleibt, zieht der Sieger von dannen, um sich zu paaren.
Erst wenn die Paarungszeit vorüber ist, wird es ruhiger.

Dass Schildkröten umfallen, passiert natürlich nicht nur, wenn Männchen kämpfen. Auch beim Klettern und Herumlaufen im unwegsamen Gelände kommt so etwas vor. Wenn eine Schildkröte es nicht schafft, wieder auf die Füße zu kommen, bedeutet das den sicheren Tod. In kürzester Zeit heizt sich der Panzer so auf, dass die armen Tiere einen Hitzschlag erleiden.

Ein stürmischer Liebhaber

Schildkrötenmänner sind stürmisch! Zu stürmisch, denn das Weibchen ihrer Wahl flieht zunächst, wird wild verfolgt und zieht sich zum Schutz in ihren Panzer zurück.
Der Schildkrötenmann wirbt nicht sehr

sanft um ihre Gunst, denn er saust hinter dem Weibchen her und drängt es in regelrechte Sackgassen.
Dort, wo sie nicht entkommen kann, rammt er es schließlich von allen Seiten. Dabei stellt er sich sogar mit gestreckten Hinterbeinen auf, stützt sich an Felsbrocken ab, um mit noch mehr Kraft seinen Panzer an den des Weibchens zu stoßen.
Diese Rammstöße hört man weithin.

Plötzlich unterbricht er die Aktion, läuft zum Kopf des Weibchens und beißt die Auserwählte in die Vorderbeine.
Er wird immer aufgeregter und schneller, rennt mehrmals hin und her. Schon zwickt er seiner Braut wieder in die Beine und schaut neugierig vorn in den Panzer hinein.
Das Puffen, Beißen und Rempeln dauert so lange, bis sie schließlich sitzen bleibt. Ihr »Schutzsuchen vorn im Panzer« hat bei ihr eine bestimmte Körperhaltung zur Folge. Durch das Einziehen der Vorderbeine und des Kopfes hebt sich automatisch ihr Hinterkörper an, sodass sich das Männchen zur Paarung besser auf den Rücken des Weibchens schieben kann.

Die Paarung selbst dauert dann nur wenige Minuten.
Das Männchen stößt dabei mit weit aufgerissenem Maul stöhnende, piepsende Töne aus. Das ist etwas Besonderes, denn normalerweise sind Schildkröten gänzlich stumm!

Die Samenzellen des Männchens bleiben jahrelang im Inneren des Weibchens lebensfähig.

Männchen oder Weibchen?

Auf den ersten Blick macht es uns ein wenig Mühe, Männchen und Weibchen der Griechischen und Maurischen Landschildkröten voneinander zu unterscheiden.
Ihre Gesichter sehen zwar alle verschieden aus, wie man oben sieht, tragen aber kein besonderes oder gar auffäliges Geschlechtsmerkmal.

Um Männchen und Weibchen auseinander zu halten, musst du die Tiere auf den Rücken drehen:
Der Bauchpanzer des Männchens ist bei den älteren Tieren meist ein wenig nach innen gedrückt. Außerdem ist das letzte Schild des Bauchpanzers, das »Afterschild«, breiter und der Schwanz mit seinem hornigen Endnagel am Ende ist mindestens doppelt so lang wie der des Weibchens (Bild ganz rechts).
Erst in einem Alter von ungefähr 35 Jahren kann der Rückenpanzer des Weibchens flacher und breiter werden und dient dann als weiteres Erkennungsmerkmal.(Bild rechts)

Noch schwieriger oder eigentlich ausgeschlossen ist es, das Geschlecht ganz junger Schildkröten zu bestimmen.

Sie sehen nämlich alle gleich aus. Erst im Alter von etwa drei Jahren kannst du an dem nun schon länger gewachsenen Schwanz die Männchen von den Weibchen unterscheiden.

Von oben sehen alle Schildkröten gleich aus und es lässt sich unmöglich sagen, ob auf unserem Bild der »Vater oder die Mutter mit Töchtern und/oder Söhnen« unterwegs ist.

Auf der Suche

Gleich nach der Winterruhe schaut das Weibchen nach einem geeigneten Legeplatz für die Eier. Ältere Weibchen nutzen dabei gerne wieder die selben Legeplätze.

Nun, vierzehn Tage nach der Hochzeit, läuft das Weibchen unruhig umher. Es frisst wenig, kratzt mal hier, mal da auf dem Boden, riecht und fühlt sich von seinen Artgenossen, seien es Weibchen oder Männchen, gestört. Es sucht »seinen Platz«. Meist liegt er geschützt zwischen Grasbüscheln. Da die Schildkröte eine Kuhle graben muss, eignet sich lockerer, etwas feuchter Boden am besten. Aber im Süden ist der Boden meist trocken und steinig. Die Schildkröte hat also eine schwere Arbeit vor sich. Schon am frühen Morgen beginnt sie zu graben. Sie benutzt ihre Hin-

terbeine, indem sie zunächst mit den fünf Krallen die harte, steinige Oberfläche zur Seite scharrt. Der Schwanz wird unterstützend eingesetzt. Die kräftigen, klumpigen Beine kommen abwechselnd zum Einsatz, damit sie nicht das Gleichgewicht verliert. Sobald die oberste Schicht zur Seite gekratzt ist, wird die Erde lockerer. Dennoch dauert es fast einen ganzen Vormittag, bis die kleine Grube sechs bis zehn Zentimeter tief ist. Von Stunde zu Stunde wird es wärmer. Wie gerne würde die Schildkröte jetzt im Schatten ruhen!

Gut geschützt in der Erde

Endlich ist die Grube tief genug. Das Weibchen hält seinen Schwanz über die Eigrube, sitzt still und legt innerhalb von etwa 15 Minuten drei bis sechs Eier, eines nach dem anderen. Dabei fängt sie jedes Ei, das austritt, mit einem Hinterbein ab und lässt es langsam in die Grube gleiten.

Da Schildkröteneier im Inneren anders aufgebaut sind als Vogeleier, in denen das Eidotter an »Schnüren« aufgehängt ist, dürfen sie nach der Ablage niemals bewegt oder gar gedreht werden. Je älter ein Weibchen ist, desto mehr Eier legt es, mancherorts während der Monate April bis Juni sogar dreimal.

Die Sonne erwärmt den Boden, in dem nun die kleinen Schildkröten bei einer Temperatur von ungefähr 30 Grad ausgebrütet werden.
Nach der Hälfte der Entwicklungszeit »entscheidet« die Bodentemperatur, ob aus diesen Eiern Männchen oder Weibchen schlüpfen: Bei 30 Grad entwickeln sich Männchen, bei 31,5 Grad Männchen und Weibchen und bei 32 bis 33 Grad nur Weibchen.
Keinesfalls darf der Boden auf 24 Grad auskühlen oder über 35 Grad heiß werden, dann würden die Schildkrötenbabys im Ei sterben.

Die Eier haben eine harte Schale und wiegen ungefähr 16 Gramm, das ist weniger als ein normaler Brief, den du mit der Post verschickst. Jedes runde, manchmal leicht ovale Ei, ist um die 3,5 Zentimeter groß.

Nach der Eiablage gräbt das Weibchen das Legeloch zu, schiebt mit den Beinen den Sand darüber und drückt die Stelle mit seinem Bauchpanzer fest. Es hat seine wichtigste Aufgabe erfüllt. Erschöpft geht es seiner Wege.

Mühsamer Weg ans Licht

In der Natur ist die Brut vielen Gefahren ausgesetzt. Mal wandert eine Schaf- oder Ziegenherde darüber, mal graben andere Tiere die schmackhaften Eier aus und fressen sie. Die Schildkrötenbabys, die es aus dem Ei bis an die Oberfläche geschafft haben, können ebenfalls von Beutegreifern geschnappt werden.
Doch in unserer Brutmaschine sind sie sicher und wir können das Ausschlüpfen beobachten.
Die kleinen Schildkröten sind nach 60 Tagen fertig entwickelt. Nun schlüpfen sie aus dem Ei. Damit das funktioniert, haben sie zu diesem Zeitpunkt eine hornige Verdickung unterhalb der Nasenlöcher, den Eizahn, mit dem sie von Innen das Ei aufbrechen. Sobald das erste Stück Schale geplatzt ist, schieben sich Kopf und Beine heraus. Es scheint so, als würde die kleine Schildkröte sich aus dem Ei herausziehen. Immer wieder macht sie eine Pause. Dann strampelt sie mit Beinchen und Kopf weiter heraus. Glück hat sie, wenn die feste Eischale dabei zerbricht. Das erleichtert den Schlupfvorgang.
Schau mal, wie winzig klein die Schildkröte ist. Diese steckt noch im Ei, weil unter ihrem Bauch ein kleiner,

kirschkerngroßer Rest des Dottersacks hängt. Er muss vollständig in den Körper eingezogen werden. Im Ei hat die Schildkröte von dem Dotter gelebt. Nun ernährt sie sich bald selbst.
Das Einziehen dieses Sackes dauert manchmal zwei bis drei Tage. Andere Babyschildkröten, die den Dottersack schon im Ei eingezogen haben, schlüpfen schneller.
Der Eizahn bildet sich nach einigen Tagen zurück.
Die Babyschildkröten sind gerade so groß wie ein Zwei-Euro-Stück und haben bequem auf einem Teelöffel Platz.
Das Ausschlüpfen war anstrengend und der Hunger scheint groß. Das Schildkrötenbaby schnappt nach einem Stück seiner Eischale und verspeist es.

Der Panzer der Babyschildkröten sieht zunächst etwas platt aus. Er wölbt sich erst nach einigen Tagen. Es war ganz schön eng in dem Ei. Manche Panzer sehen sogar verformt und schief aus, aber auch das richtet sich nach einigen Tagen.
Sobald mehrere Schildkröten geschlüpft sind, erkennst du, dass kein Tier dem anderen gleicht. Wenn du genau hinschaust, sind die Schilde auf dem Rücken unterschiedlich gezeichnet. Doch vor allem die Bauchseite gilt als »Personalausweis« der Schildkröte.

Zunächst sitzen die Schildkröten nur auf einer Stelle. Weder fressen sie noch bewegen sie sich. Gerade das ist in der Natur überlebenswichtig! Wer sich bewegt, wird nämlich entdeckt und hat Fressfeinden gegenüber gar keine Chance!
Mit ihrem noch weichen Panzer können sie auch nicht in der prallen Sonne sitzen. Deshalb hat das Muttertier einen Platz ausgewählt, der genügend Versteckmöglichkeiten bietet. Hier bleiben die Kleinen zunächst und kriechen, wenn es kühl wird, in den schützenden Boden zurück.

Endlich draußen!

In der Natur kannst du das Ausschlüpfen aus dem Ei nicht beobachten, weil dies ja unter der Erde stattfindet. Du würdest erst den kleinen Kopf und schließlich die Schildkröte aus der Erde kriechen sehen.

Schon bald laufen die Kleinen im hohen Gras herum. In der Natur ist das Nahrungsangebot geringer als das für unsere drei Schildkrötenkinder. Darum wachsen sie nicht so schnell.
Schildkrötenkinder haben keinerlei Schutz durch ihre Eltern. Deren Aufgabe war mit der Begattung und der Eiablage beendet.

Der Panzer der Jungen ist zuerst noch empfindlich. Mit den kurzen, kleinen Beinen kommen sie nur langsam voran.

Beim Fressen nehmen sie meist die Vorderbeine zu Hilfe, um besser von einem Blatt abbeißen zu können.

Wusstest du, dass Schildkröten keine Zähne haben? Sie besitzen dafür Hornscheiden mit scharfen Kanten, mit denen sie die Blattstücke abreißen. Da sie nicht kauen, sondern die Nahrung nur platt drücken, schlucken sie ihr Futter recht schnell hinunter.
In der Natur verstecken sich die meisten kleinen Schildkröten unter Sträuchern, sobald sie satt sind. Manche bleiben bis zu dreißig Minuten in der Sonne sitzen, um noch Wärme zu tanken.
Die Nahrung wird langsam verdaut. Einmal am Tag setzt die Schildkröte Kot ab. Die großen Schildkröten nehmen wenig

Auf dem Bild oben sitzt ein zwei Tage altes Schildkrötenkind neben einer Schnecke.
Du kannst daran erkennen, wie klein es noch ist.
Das Moos, über das sie auf dem rechten Bild krabbelt, ist schon ein richtiges Hindernis.

Rücksicht auf die kleinen Nachkommen. Sie dulden die Kleinen auch nicht in ihren Revieren. Wenn sie ihnen im Weg sitzen, werden sie von ihnen überrannt.
Wird der Panzer einer jungen Schildkröte verletzt oder beschädigt, verheilt die Stelle zwar meist, bleibt aber ein Leben lang zu sehen.
Zum Glück haben wir genug Platz.

Gefahren lauern überall

Landschildkröten haben im Vergleich zu vielen anderen Tieren wenig Feinde. Greif- und Rabenvögel gehören dazu, Schlangen, Igel, Marder, Füchse, Ratten und in den Tropen auch Krokodile und Alligatoren.
Die Jungen der großen Meeresschildkröten haben dagegen viel mehr Feinde. Kaum sind sie aus den Eiern geschlüpft und haben sich ans Licht gegraben, werden viele von Ihnen von Möwen und anderen großen Seevögeln gejagt und gefressen.

Der Reiher auf dem Bild unten hat eine junge Wasserschildkröte erbeutet.

Der schlimmste Feind dieser einzigartigen Tiere ist jedoch der Mensch. Er vernichtet die Lebensräume und nimmt ihnen damit ihre Lebensgrundlage.

Handel verboten!

Als Heimtiere führten Schildkröten viele Jahre lang ein trauriges Leben: Babyschildkröten wurden in ihrer Heimat eingesammelt, zu uns transportiert und als Haustiere verkauft. Tausende Schildkrötenkinder starben schon auf dem Transport, andere durch falsche Haltungsbedingungen.
Durch das Sammeln der Eier, die Jagd nach kleinen Schildkröten, um sie zu verkaufen, und die Tötung großer Exemplare haben wir die Zahl der Schildkröten auf wenige verringert.
Das ist noch gar nicht so lange her. Wir erinnern uns daran, dass es in unserer Kinderzeit massenhaft Schildkröten in Zoohandlungen zu kaufen gab.
Seit vielen Jahren sind Schildkröten bei uns und in vielen anderen Ländern durch Gesetze über Besitz, Haltung, Zucht, Verkauf und Handel streng geschützt.

Und das ist gut so!

Wir können sie heute nur bei Züchtern kaufen. Jede Schildkröte wird bei der Naturschutzbehörde registriert und bekommt ihren eigenen »Schildkrötenausweis«. Dazu muss sie, wie auf den beiden Bildern oben, auf schwarz-weiß-kariertem Papier von oben und unten fotografiert werden, denn jede hat ihr unverwechselbares Muster.

Eine Schildkröte als Reiseandenken? Niemals!
Spätestens bei der Einreise am Zoll würde die Schildkröte entdeckt und dir weggenommen, denn das Einführen geschützter Tierarten ist bei uns verboten und wird bestraft.

Unterschätzte Gefahr!

Noch schlimmer ist jedoch, dass der Klimawandel die Lebensräume vieler Tiere, so auch der Schildkröten, bedroht. Wir müssen unsere Umwelt besser erhalten und schützen.
Deshalb sollten wir weniger Energie verschwenden und nicht die Umwelt verschmutzen.
Beim Verbauen der Landschaft und Bewirtschaften der Ackerböden sollte auf besondere Naturgebiete und Artenvielfalt Rücksicht genommen werden, um wichtige Lebensräume der Tiere und Pflanzen zu erhalten.
Eine geachtete und geschützte Umwelt ist auch für unsere Gesundheit wichtig. Deshalb müssen wir lernen, unsere Umwelt zu achten und zu erhalten.

Mit allen Sinnen

Schildkröten können sehr gut sehen. Dicke, bewegliche Lider schützen ihre schwarzen Augen. Sie können Formen und Farben unterscheiden, sind aber leider fast taub und stumm. Lautäußerungen hören wir nur bei der Paarung oder in allerhöchster Not. Schildkröten hören schlecht, riechen aber dafür bestens und finden auf diese Weise reife Früchte und schmackhafte Kräuter. Sie lernen schnell und können sich sogar etwas merken, wie zum Beispiel Fütterungszeiten und natürlich bestimmte Orte. Das haben wir bei den Weibchen gesehen, die immer wieder dieselben geeigneten Brutplätze aufsuchen.

Das Nahrungsangebot in ihrem natürlichen Lebensraum ist nicht sehr vielfältig. Deshalb ist es nicht verwunderlich, dass sich die Schildkröten eines Gebietes, dank ihres guten Geruchsinns, unter einem Feigen- oder Aprikosenbaum einfinden, um gierig die heruntergefallenen Früchte zu verzehren. Hat erst einmal eine Schildkröte eine Feige angebissen (Bild oben), kommen auch gleich andere von allen Seiten. Landschildkröten fressen alle Arten von Wildkräutern (Bild rechts), Wiesenblumen sowie Früchte, Regenwürmer und sogar schleimige Schnecken. Die Sonne bestimmt ihren Tagesablauf und die Nahrungsaufnahme.
Mit den scharfkantigen Hornscheiden an ihren Kiefern reißen sie Blattstücke ab, speicheln sie im Mund ein, quetschen sie ein wenig und schlucken die Stückchen

mit Hilfe ihrer dicken Zunge im Ganzen herunter. Manchmal nehmen sie ihre Vorderbeine zum Zerreißen zu Hilfe oder halten damit eine Frucht oder ein Blatt.

Beim Trinken kannst du sehen, dass sie ihren Kopf weit in das Wasser eintauchen. Es blubbert dabei manchmal aus ihren Nasenlöchern, wenn sie zu lange unter Wasser bleiben. Schildkröten saugen das Wasser auf. Den Schluckvorgang kannst du an ihrem Hals deutlich erkennen.

Winterschlaf

Sobald es kälter wird, verkriechen sich die südeuropäischen Schildkröten, um ihre Winterruhe zu halten. Sie haben im Sommer genug an Gewicht zugenommen, um diese Zeit zu überstehen. Ihre Bewegungen werden immer langsamer, alles läuft auf Sparflamme, auch die Verdauung.
Die meisten Schildkröten graben sich ein, manchmal in das Wurzelwerk von Sträuchern. Sie schieben sich in Laubhaufen und unter Grassoden (Bild unten).

Die Schildkröte rechts hat großes Glück gehabt. Sie fand eine Höhle unter Steinen, in die der Wind nicht nur Laub in den Eingang geweht hatte, sondern sogar bis in das tiefer gelegene Innere. Ein schöner Schlafplatz, in dem es sich bis zum Frühjahr gut ruhen ließ.

In felsigem Gelände, wo es Ihnen auch schwerfällt zu graben, gehen sie in Höhlen, die sie manchmal auch im Sommer zum Schutz vor zu großer Hitze und Sonnenbestrahlung genutzt haben.
Selbst wenn es in Ihren Heimatländern, wie Griechenland, nur ganz selten einmal Frost gibt, müssen ihre Winterquartiere doch tief genug sein, um sie zur Not davor zu schützen. Bis zum Frühjahr bleiben sie hier. Erst dann beginnt der Kreislauf von Neuem.

Neben Max und Luise haben wir drei kleine Landschildkröten, die bei uns aus ihren Eiern geschlüpft sind: Nele, Jule und Sole.
Inzwischen, nach einem Jahr, haben sie ihre Größe mehr als verdoppelt. Natürlich hatten sie noch kein Gehege draußen, sondern nur drinnen, in dem wir sie besser im Auge behalten konnten.

Sie verbrachten eine etwa zweimonatige Winterruhe bei 6 Grad Celsius in einem Laubbett aus Buchenblättern. Dieses stellten wir in einen extra Kühlschrank. Als wir sie wieder aufweckten, war es draußen noch lange kalt. Weil noch keine Wildkräuter wuchsen, bekamen sie verschiedene Biokräuter und ein wenig Rapunzelsalat zu fressen. Doch auch Sand fressen sie, denn damit decken sie ihren Bedarf an Mineralien (Bild unten links). Sie wurden regelmäßig gebadet, was sehr wichtig ist. Die kleinen Schildkröten haben so großen Durst, dass sie beim Baden trinken. Maul und Nase sind dann unter Wasser (Bild unten). In ihrem Gehege haben sie ein kleines Biotop mit einem beleuchteten Trockenbereich und einer kleinen Feuchtwiese.

57 Landschildkrötenarten

Die Indische Sternschildkröte gehört zu den am schönsten gezeichneten Schildkrötenarten. Sie ist hauptsächlich in der Morgen- und Abenddämmerung auf Nahrungssuche, da es in ihrer Heimat mittags sehr heiß ist.

Mit bis zu 65 cm Panzerlänge gehört die südlich der Sahara lebende Pantherschildkröte zu den großen Schildkrötenarten. Sie frisst Pflanzen, verwitterte Knochen und Tierkot *(Bild unten)*.

Im Süden der USA und Mexiko leben die Gopherschildkröten. Die dort herrschende tödliche Hitze veranlasst sie, sich lange Gänge mit Wohnkammern im Wüstensand zu graben. Nur nachts kommen sie hervor, um Kakteen zu fressen.

Die Ägyptische Landschildkröte ist mit der Griechischen und Maurischen verwandt. Mit höchstens 13 cm Panzerlänge und ihrer sehr hellen Färbung ist sie bestens getarnt und ans Leben in der Wüste und Steppe angepasst. Sie ist stark vom Aussterben bedroht.

Riesenschildkröten

Hier siehst du eine riesige Galapagos-Schildkröte. Sie kann eine Panzerhöhe von bis zu 135 Zentimeter erreichen und über 300 Kilogramm schwer werden. Diese und einige andere Arten leben auf den Galapagos-Inseln im Pazifik.
Die großen, alten Exemplare lieben die üppige Pflanzenwelt und den Regenwald, der auf den etwas größeren Inseln zu finden ist. Da sie viel Grünes fressen, nennt man sie die »Graser«.

Auf den kleineren Inseln dieses Archipels leben Arten, die es eher trocken und heiß mögen. Sie fressen Kakteen und dornige Pflanzen. Die Weibchen findet man an den warmen Küstenabschnitten. Dort legen sie ihre Eier ab, die sich im warmen Sand gut entwickeln können.
Galapagosschildkröten können sehr alt werden! In einem Zoo erreichte eine das Alter von 176 Jahren.
Durch Fang und Verfolgung sowie die Zerstörung ihres Lebensraums sind heute bereits einige Arten ausgestorben.

Die Europäische Sumpfschildkröte ...

Still liegt der See. Doch was ist das? Vor uns aus dem Uferschlamm taucht ein kleiner Kopf auf, der Kopf einer Europäischen Sumpfschildkröte.
Sie treibt im Wasser. Ihr Körper ist dunkelgrün, mit vielen gelben Punkten oder Strichen übersät. Zwischen den Zehen hat sie Schwimmhäute.

Anders als die Landschildkröten besitzt sie eine Art Scharnier am Bauchpanzer, eine Lederhaut, die das Vorderteil mit dem Hinterteil verbindet und die Schildkröte beweglicher macht. Die Brücken zwischen Rücken- und Bauchpanzer sind ebenfalls beweglich.
Es ist selten, dass wir in der Natur diese Schildkröte zu Gesicht bekommen. Sie ist vom Aussterben bedroht und nur in wenigen Schutzgebieten Deutschlands zu finden. Viele Naturschützer, zum Beispiel vom NABU, bemühen sich, diese außergewöhnlichen Tiere zu erhalten und wieder zu vermehren.

... unsere einzige heimische Schildkröte

Die Europäische Sumpfschildkröte ist die einzige bei uns lebende Schildkrötenart. Sie liebt stille, möglichst flache, stehende Gewässer, Teiche, Gräben, Uferzonen mit krautigen Pflanzen und schlammigen Ufern.
Zum Aufwärmen hält sie sich gern im sonnenbeschienenen Flachwasser auf oder klettert auf Äste und Baumstümpfe, die aus dem Wasser ragen.
Für die Eiablage verlässt die Sumpfschildkröte das Wasser und sucht einen sandigen, sonnigen Boden, möglichst am Hang. Dafür legt sie bis zu einem Kilometer an Land zurück!
Doch zunächst hat sie sich gepaart. Ähnlich wie die landbewohnenden Arten wird sie so lange von einem stürmischen Männchen verfolgt, bis er sie im Wasser besteigen kann.
Bald nach der Hochzeit marschiert das Weibchen ab. Es schaufelt eine birnenförmige Grube. Den festen Boden an der Oberfläche kann es mit Wasser aus besonderen Drüsen am Hinterkörper aufweichen. Die Ablage der zehn bis zwanzig Eier im Juni geht schnell.

Das Weibchen gräbt das Gelege zu und kehrt in das Wasser zurück. Nach 80 bis 120 Tagen schlüpfen die Jungen.
Es dauert mehrere Stunden, bis sie sich aus dem Ei befreit haben. Dann kommt noch der weite Weg ins Wasser, auf dem viele Gefahren lauern: Dachs, Fuchs, Wildschweine, aber auch Elstern, Ratten, Reiher und im Wasser einige Raubfische. Oft überwintern die Jungen sogar in der Nähe ihres Schlupfplatzes, ohne vorher »die weite Welt« erkundet zu haben.
Graben sie sich nicht tief genug ein und werden vom Frost überrascht, überleben sie den Winter nicht.
Sumpfschildkröten ernähren sich von Schnecken, Insekten, Kaulquappen, Aas und einigen Wasserpflanzen, wie zum Beispiel Wasserlinsen oder Algen.

Schutz für die heimischen Schildkröten

Durch die Trockenlegung von Sümpfen und Mooren, die Zerstörung von Feuchtgebieten, die Begradigung von Flüssen, Bebauung und Fischerei sind wir Menschen zum größten Feind der Schildkröten geworden.
Nur in Brandenburg, zum Beispiel im Rhinluch bei Linum, haben es die Naturschützer geschafft, die Sumpfschildkröte wieder anzusiedeln und zu schützen. Ihrem Beispiel folgten inzwischen auch andere Bundesländer. Jede Störung dieser seltenen Tierart und Vernichtung ihrer Lebensräume ist inzwischen untersagt.

Fremde Arten in unseren Gewässern

Aus den Zoohandlungen kennst du die Schmuckschildkröten. Winzig kleine Exemplare warten auf Käufer. Es gibt verschiedene Arten, aber am bekanntesten sind die Rotwangen-Schildkröten (Bild unten), sehr hübsche, dunkelgrüne, gelb gestreifte Tiere mit einem auffälligen, roten Fleck auf der Wange.

Doch aufgepasst: Die »Einwanderer« aus dem Südosten der USA wachsen schnell und sind regelrechte »Schnappmäulchen«. Sie beißen schnell mal in den Finger ihrer Pfleger und sind keine idealen Heimtiere. Deshalb setzen viele Menschen ihre zu groß gewordenen Schmuckschildkröten an Seen aus.

Sie haben die gleichen Ansprüche wie die bei uns heimischen Europäischen Sumpfschildkröten. Sie passen sich auch an die etwas kühleren Temperaturen leicht an. Dadurch verdrängen sie unsere heimische Art. Ihre Nachkommen fressen sie zum Teil selbst, legen aber auch bis zu 22 Eier. Besonders schwierig ist es für unsere Natur, da die Rotwangenschildkröten oder die ebenfalls häufig ausgesetzten Schnappschildkröten bei uns keine natürlichen Feinde haben. Sie vermehren sich deutlich erfolgreicher als unsere Europäische Sumpfschildkröte.

Ausgesetzte Exemplare der aus Nordamerika stammenden Schnappschildkröte gefährden die Ökosysteme von Teichen und Seen.

Meeresschildkröten

Die Meeresschildkröten, mit ihren zu Flossen umgebildeten Beinen, leben in den tropischenen Meeren und gehören zu den faszinierendsten Lebewesen unserer Erde.
Leider sind alle Arten dieser schönen und eleganten Schwimmer stark bedroht. Besonders die bis zu 140 Zentimeter lange und bis zu 450 Kilogramm schwere Suppenschildkröte (Bild unten), die viele Jahrzehnte hindurch tatsächlich zu sehr teuren Suppen verarbeitet wurde, ist vom Aussterben bedroht.

Immer wieder gibt es skrupellose Wilddiebe, die sowohl die Eigelege an den Nistplätzen ausgraben als auch erwachsene Tiere töten, um ihr Fleisch in einige asiatische Länder teuer zu verkaufen. Obwohl dies durch das Washingtoner Artenschutzabkommen seit Jahren streng verboten ist, bieten gewissenlose Feinschmecker oft gigantische Summen für das Fleisch einer Suppenschildkröte. Würden die letzten wenigen Eiablageplätze dieser schönen Tiere nicht Tag und Nacht streng bewacht, wäre diese Meeresschildkröte bestimmt schon ausgestorben.

Den anderen, kleineren Meeresschildkröten, wie der Unechten und der Echten Karettschildkröte (Bild unten), geht es nicht viel besser. Beide Arten werden auch heute noch trotz Verbots gejagt, weniger wegen ihres Fleisches, sondern wegen ihres wertvollen Panzers.
Besonders wertvoll ist das Schildpatt der Echten Karettschildkröte, aus dem Schmuckstücke, kunstvolle Haarkämme und andere Modeartikel hergestellt wurden. Leider schrecken die Verbote nicht, sodass sie auch auch heute noch deswegen heimlich gejagt wird.

Wärend die Echte Karettschildkröte nur im karibischen, sehr warmen Meer lebt, kommt die Unechte auch im Mittelmeer vor, wo du sie mit viel Glück beim Schnorcheln an den Küsten von Griechenland, Zypern und der Türkei sehen kannst. Gelegentlich verirren sich einzelne Tiere auch mal in die Nord- und sogar Ostsee.
Neben der Bedrohung durch die verbotene Jagd sind alle Meeresschildkröten durch die unzähligen Schleppnetze der Fischerei und die Verschmutzung der Meere bedroht.